AF467442

AVIS AU PEUPLE,

Par le citoyen MITTIÉ, Médecin de Paris.

PEUPLE SOUVERAIN, quand tout citoyen est comptable de sa portion de génie et de facultés, pour concourir au bien général, je manquerois à une obligation sacrée et à mon dévoûment à la chose publique, si je ne payois, à ma patrie, le tribut que je lui dois.

Voué, par ma profession, au soulagement de mes semblables, je croirois m'acquitter, foiblement, des fonctions de mon état, si l'amour de l'humanité, en excitant mon zèle, ne me portoit à la secourir, avec plus de chaleur et de lumière qu'on ne l'a fait, jusqu'à présent.

L'envie d'être utile, a été, pour moi, un puissant aiguillon pour le devenir. Désirant trouver, dans la carrière que j'avois à parcourir, un sujet auquel je me livrerois, avec le plus de succès, pour la conservation des citoyens, j'ai considéré le tableau des maladies qui affligent l'humanité : l'objet qui m'a paru remplir mes vues et satisfaire au besoin, le plus grand et le plus urgent du peuple, a été la maladie vénérienne.

Maladie la plus commune, la moins connue, la plus mal traitée; sur laquelle, depuis trois siècles, l'erreur, l'ignorance, le préjugé ont jetté un voile funèbre, que je voudrois déchirer, pour le salut du genre humain.

Cette maladie a fait les plaies les plus cruelles

à l'Europe, particulièrement à la France. Depuis le quinzième siècle, elle a perdu trois millions d'hommes, par ce fléau ; plus de six millions ont traîné une vie languissante et donné l'existence à une race d'êtres foibles, maléficiés, qui s'est éteinte à la deuxième ou troisième génération, après avoir vécu plus à charge qu'utiles à l'état.

Aujourd'hui, sur vingt-cinq millions d'hommes, on en compte plus de deux cent mille attaqués, à-la-fois, de cette maladie ; ce nombre se renouvelle, quatre fois, par an ; cela fait à-peu-près, un million de malades, de ce genre, dans le cours de chaque année.

De ce million de malades, plus de douze mille nouveaux-nés meurent, peu de temps après leur naissance, en nourrice, aux enfans-trouvés ; ceux-là infectent leurs nourrices, celles-ci leurs propres enfans.

Parmi les adultes, quinze mille meurent du traitement, fait avec le mercure ; trente mille languissent ou se ressentent, long-temps ou toute leur vie, des effets de ce remède.

Les hospices sont insuffisans pour donner des secours à tous les malheureux et quels secours leur donne-t-on !

L'erreur, l'ignorance, le préjugé, le remède, la méthode sont par-tout les mêmes ; par-tout ils ont les mêmes inconvéniens ; l'humanité a autant à souffrir, que la médecine à rougir, des traitemens qu'on leur fait.

Ces traitemens sont longs, cruels, aveugles, gênans, compliqués, inconséquens, désagréables, coûteux, insuffisans, quelquefois mortels, toujours accompagnés de dangers ou d'accidens, inséparables de la nature et de l'action du remède. La plupart des malades sont enfermés, pendant leur traitement, ou ne peuvent vaquer à leurs travaux ordinaires. Pendant leur convalescence, ils ne peuvent, sans inconvéniens, se livrer à la fatigue, ni s'exposer à l'intempérie des saisons.

Cette maladie et son traitement, considérés sous tous les rapports, présentent le tableau le plus affligeant à l'homme sensible et les effets les plus désastreux à l'homme d'état.

Il est difficile d'imaginer ou de calculer le tort que cette maladie fait à la population, aux arts, aux métiers, aux manufactures, au commerce, à la navigation, les ravages qu'elle cause dans les campagnes, les grandes villes, sur-tout dans les ports, où elle est plus difficile à guérir et le vide qu'elle laisse, dans les armées.

Ce que le particulier souffre, ce que la république perd, en argent, en travaux, en hommes, fait une somme de maux, de dommages, qui intéressent, également, la politique et l'humanité.

Cependant, ce fléau qu'on dit si grand, qu'on croit si dangereux, n'est tel que par la manière fausse et inconséquente de l'envisager, par les remèdes insuffisans et meurtriers qu'on emploie.

Les médecins, les chirurgiens, anciens et modernes, qui ont écrit sur cette maladie, qui l'ont traitée, esclaves de l'habitude et du préjugé, n'ont rien dit de vrai, d'utile, n'ont rien fait de bon, de réfléchi. Aussi ignorans les uns que les autres sur l'indication que la maladie présente, sur la nature d'un remède propre à sa guérison, tous se sont copiés, aveuglément et servilement. Pour donner plus de confiance aux rêveries qu'ils débitoient, à la routine qu'ils suivoient, ils ont cité, comme autorité, ceux qui les ont précédés; de façon que l'erreur, l'absurdité, l'ignorance des premiers auteurs et praticiens, transmises par une suite d'autorités, font la base de cette méthode aveugle et meurtrière, que les plus fameux guérisseurs emploient, aujourd'hui, pour le traitement de la maladie vénérienne.

Un faux préjugé, une autorité mensongère, sont cause que, dans les parties de l'Europe, les plus éclairées, le genre humain est livré au plus mauvais traitement qu'il soit possible de faire. Jamais préjugé n'a été plus absurde, en Médecine, ni plus funeste à l'humanité, que celui qui règne à l'égard de la maladie vénérienne ! Trois siècles d'expérience n'ont répandu aucun jour, sur sa nature, sur son traitement; l'ignorance, la déraison, l'orgueil et l'intérêt, concourent ensemble à la honte de l'art et au malheur du genre humain.

Aujourd'hui-même, il n'est pas dans la république, ni en Europe, UN HOMME DE L'ART qui sache ce qu'il convient de faire, pour traiter, méthodiquement, cette maladie, ce qu'il fait, avec quoi il le fait, pourquoi il le fait, ni ce qui doit résulter de ce qu'il fait.

Aucun Médecin, aucun Chirurgien ne connoît la nature du mercure, sous quelle forme il agit, la cause de ses effets nuisibles ou salutaires; d'où il résulte, évidemment, qu'aucun de ces prétendus guérisseurs ne peut diriger les bons, ni prévenir les mauvais effets de ce remède.

La méthode de tous est couverte du voile le plus épais et conduite par l'ignorance la plus absolue. Cette méthode n'a pas, en théorie, une donnée vraie, en pratique, un fait dont on puisse rendre raison. Joignez à cela l'usage aveugle, inconséquent du remède le plus traître, le plus dangereux que la Médecine connoisse, que l'art et la nature produisent.

Malgré cela, les partisans du mercure ont la

prévention de croire, ou la mauvaise foi d'assurer que cette méthode est éclairée et la meilleure, que le mercure est un remède doux, innocent, qu'ils administrent sans danger, sans inconvénient.

Si la maladie vénérienne paroît si redoutable, c'est d'après le dire et le faire de ceux qui la traitent ; ils mettent sur le compte de la maladie, le mal causé par leur ignorance et les accidens occasionnés par le mercure.

Cette maladie, par sa nature et dans son principe, est une maladie simple, légère, facile à guérir. Le virus vénérien n'attaque pas le genre nerveux ; le mercure l'attaque de la manière la plus cruelle. Ce virus n'infecte pas la masse des humeurs ; le mercure les dissout et leur donne un caractère de putridité. Ce virus n'affecte, ni primitivement, ni essentiellement les fonctions naturelles, animales, vitales ; le mercure les affecte toutes, de la manière la plus funeste ; et les symptômes fâcheux, qui arrivent, pendant et après le traitement, sont toujours les effets immédiats ou consécutifs et nécessaires du mercure, et jamais le propre de la maladie vénérienne. Les malades qu'on dit mourir de cette maladie, meurent des effets du mercure.

Aussi les partisans du mercure sont et seront, toujours, un fléau, plus dangereux, plus destructeur que la maladie elle-même. Leurs écrits, leur exemple, leur pratique, ne servent qu'à perpétuer l'erreur, fortifier le préjugé, entretenir l'ignorance et multiplier les maux.

Ceux qui prétendent que le mercure est le vrai, l'unique remède de la maladie vénérienne, sont, en Médecine, ce qu'est, en géographie, le paysan, qui croit que l'horison, où se termine sa vue, est le bout du monde.

Une vérité qui me coûte à dire, que ma conscience et l'amour de mes semblables me font un devoir de publier, c'est que tous les partisans du mercure, auteurs ou praticiens, sont des IMPOSTEURS IGNORANS, ou des IGNORANS TROMPÉS, ET LES MALADES SONT LEURS DUPES OU LEURS VICTIMES.

Les Médecins, les Chirurgiens blessés de ces vérités, ou qui ne les trouveront pas fondées, doivent me répondre et les réfuter. Le but de cet écrit est de les provoquer à le faire, et même d'y obliger ceux qui, *salariés par le peuple*, remplissent les premières places d'officiers de santé.

Ils m'objecteront qu'ils guérissent, par leur méthode. Oui, ils guérissent, j'en conviens ; je dis plus, on guérit de cette manière, même sans la participation de celui qui administre le mercure. Le mercure, seul, fait la besogne, bonne ou mauvaise, sans que celui qui le donne ait la moindre part au succès, quoiqu'il ait la sotte prétention de se l'attribuer, quand il est heureux ? Mais guérit-on toujours ? Par combien de maux, de dangers on parvient à cette guérison ! et quels sont les résultats affreux de ce genre de traitement ! C'est toujours en aveugle qu'on traite et par hasard qu'on guérit ; hasard dont aucun praticien n'a la moindre idée : d'après cela, quel compte tenir à l'art et à celui qui l'exerce et quelle confiance méritent l'un et l'autre ?

Quoique la maladie vénérienne soit réputée grave et cruelle, c'est une des moins dangereuses et des plus faciles à guérir ; quoique son traitement soit le plus vicieux, le plus dangereux, le plus inconséquent de tous ceux qui se font en Médecine ;

néanmoins, d'après ma doctrine, il est susceptible de la plus grande perfection.

La nature a placé, dans le règne végétal et dans nos climats, un nombre prodigieux de remèdes, les plus convenables à la guérison de cette maladie; remèdes doux, simples, efficaces, sans inconvéniens et sous la main de tout le monde.

Une étude suivie de la nature, une pratique réfléchie de la Médecine, faites sans préjugés, m'ont appris que ces plantes convenoient spécialement à cette maladie, qu'elles en étoient le vrai remède. Le grand usage que j'en ai fait, m'a confirmé cette importante vérité : il falloit une méthode pour éclairer, diriger l'emploi de ces remèdes et en assurer constamment le succès; la réflexion et l'expérience me l'ont enseignée.

D'après l'indication que la maladie présente et que j'ai saisie; d'après l'action connue des remèdes indiqués, d'après l'analyse de leurs principes, d'après l'analogie que les maladies vénériennes et les maladies chroniques ont entr'elles, je suis parvenu à mettre la maladie vénérienne, regardée jusqu'à présent si dangereuse, si difficile à guérir, dans la classe des maladies ordinaires et à rendre son traitement simple, facile et plus éclairé que celui des autres maladies. J'y suis parvenu, en observant, en imitant la marche de la nature, seul guide que tout Médecin doit suivre, pour guérir; marche que par une fatalité, par une inconséquence, par un aveuglement sans exemple, les gens de l'art ont TOUS méconnue et dont ils se sont TOUS écartés, dans le traitement de la maladie vénérienne.

Cinquante ans de méditation, de travaux, de recherches et d'une expérience la plus étendue qu'aucun homme de l'art ait jamais eue, dans cette partie, pratique faite avec un ensemble de connoissances principales et accessoires de la Médecine, ensemble de connoissances dont aucun auteur et praticien n'a été éclairé, dans le traitement de la maladie vénérienne et que pas un de mes adversaires réunit, m'ont confirmé et je le certifie, sur ce que l'honneur et la probité ont de plus sacré, d'après vingt mille guérisons, opérées de cette manière, que LES VÉGÉTAUX, LES PLUS COMMUNS DE NOS CLIMATS, ONT LA PROPRIÉTÉ DE GUÉRIR, SEULS, LA MALADIE VÉNÉRIENNE, COMME L'EAU A LA PROPRIÉTÉ D'ÉTEINDRE LE FEU.

Le traitement par les végétaux, que j'emploie, n'est susceptible d'aucun inconvénient, pas même par l'ignorance de celui qui les administreroit, ni par l'imprudence de celui qui en useroit ; tandis que les risques les plus grands sont inséparables de l'usage du mercure et que les accidens les plus funestes, qui l'accompagnent, sont très-communs.

Ces dangers, ces accidens sont la sécheresse, la chaleur de la peau, l'altération, la douleur, la pesanteur de tête, un mal-aise universel, la dureté, l'élévation, la fréquence du pouls, la fièvre, l'agitation, l'insomnie, l'éréthisme, le spasme, le tremblement, les convulsions, la fétidité de toutes les excrétions, la chaleur de la bouche, la puanteur de l'haleine, l'engorgement des gencives, des glandes salivales, la décomposition de la salive, l'ébranlement des dents, leur sortie de l'alvéole, le gonflement de la tête, une salivation plus ou moins abondante, l'ulcération de l'orifice des conduits salivaires, des bords de la langue, des parties internes de la bouche, les escarres gangreneuses de ces parties, une cacochymie putride et purulente, des pertes, des hemorrhagies, la dyssenterie, le crachement de sang, des ulcérations aux poulmons, aux intestins, l'asthme, la phthisie, la cécité, la consomption, la paralysie, l'épilepsie, l'aliénation d'esprit, quelquefois la mort subite.

Le mercure, quoiqu'en petite quantité, introduit dans le sang par une, deux ou trois frictions, est une cause prochaine, suffisante et immédiate de mille maux, de la mort même, sans qu'on puisse les prévenir. Dès le commencement du traitement, le malade est en danger de mort, sans avoir une certitude de guérison. Pour une tumeur, une ulcération, une excroissance, un écoulement, enfin pour une maladie légère, qui guériroit avec les remèdes les plus doux, les plus simples, maladie que la nature seule guérit souvent, chez des sujets bien constitués, un malade frictionné est exposé aux plus grands dangers, aux plus funestes accidens ; tandis que, traité par les végétaux, avec la certitude de guérir, il n'a ni dangers ni accidens à craindre.

Ceux qui traitent la maladie vénérienne, avec des préparations mercurielles salines, telles que *les dragées de Kayser, le sublimé corrosif, le syrop de Belete*, ou toute autre préparation analogue, administrent des poisons, dont il faut une moindre dose journalière, pour nuire ou empoisonner, que pour guérir.

Il est singulier, il seroit même risible, s'il ne s'agissoit de la vie des hommes, de voir ces prétendus guérisseurs disputer, sur l'efficacité de ces préparations et sur la préférence que l'une mérite sur l'autre, sans avoir la moindre idée d'aucune. Ils ne savent pas que le sublimé corrosif n'agit point, comme l'eau mercurielle du *codex* ; la panacée mercurielle, comme les dragées de Kayser ; le turbit minéral, comme le précipité rouge, etc. **ILS SAVENT, ENCORE MOINS, EN QUOI CONSISTE LEUR VERTU CURATIVE.** La plus mauvaise de toutes ces préparations, entre les mains du plus ignorant, guérit quelquefois, quand, par hasard, elle est bien appliquée et que le sujet peut en supporter l'usage : ils ne savent pas que ces préparations agissent différemment, à raison de la nature de leur acide et de sa quantité, de leur union plus ou moins intime avec le mercure, de la dissolution plus ou moins facile de ces préparations et de leur extension dans l'eau, sans se décomposer ; ils ne savent pas que leurs effets curatifs ou nuisibles sont, non-seulement, en raison composée des observations précédentes, mais encore des symptômes, de l'âge, du sexe, de la constitution, du tempérament et du régime des malades, à qui l'on donne, indistinctement, l'une ou l'autre de ces préparations.

Ce qui prouve l'ignorance et l'aveuglement de ceux qui les administrent, c'est que les plus dangereuses, par la nature, par l'action de leur acide, *le sublimé corrosif et les dragées de Kayser*, sont employées, le plus communément. Ces deux remèdes ont fait plus de mal à l'humanité, que toutes les autres préparations mercurielles salines ; ils ont coûté la vie à plus de cent mille hommes, la plupart militaires ! Malheureusement pour eux, on s'en sert encore, dans quelques hôpitaux et au Gros-Caillou !

Il est une autre manière de traiter, par la *méthode mixte* : elle consiste à faire, aux malades, la moitié de deux traitemens différens. Par exemple, de joindre aux frictions mercurielles, l'usage interne du sublimé corrosif, des dragées de Kayser, ou de toute autre préparation mercurielle saline. Cette méthode réunit, sur la même tête, les différens accidens, attachés aux deux traitemens ; de plus, les inconvéniens de l'un et de l'autre s'aggravent mutuellement, par leur réunion; de façon qu'on peut comparer un malade, traité par *la méthode mixte*, à ces animaux qu'on veut détruire, à qui on tend un piége meurtrier, avec un appât empoisonné ; s'il échappe à l'un, il périt par l'autre.

On dira, un grand nombre de malades sont guéris de l'une et l'autre manière. Je répondrai : ceux qui sont morts ne peuvent réclamer contre. Il faut féliciter les malades guéris, par cette méthode, comme l'on félicite les hommes de retour d'un long voyage sur mer et ces soldats échappés, sains et saufs, d'une bataille meurtrière : il ne s'ensuit pas que dans l'un et l'autre cas il n'en périsse beaucoup.

Un malade demandoit à son Chirurgien, pourquoi il ne le frictionnoit pas ? Le Chirurgien répondit : La méthode des frictions a trop d'inconvéniens ! Je préfère l'usage interne du mercure. — Pourquoi, dit le malade, me le donnez-vous, dans du lait ou avec des mucilagineux ? L'Esculape convint que le sublimé corrosif, qu'il lui administroit, étant un poison violent, il cherchoit à en prévenir les effets destructeurs. — Cela n'est pas tranquillisant ! répliqua le malade. Des adoucissans ne sont pas les préservatifs ni les correctifs d'un remède dangereux ! Si vous n'avez que deux moyens de traiter, *les frictions et le sublimé corrosif ?* Un malade, dans vos mains, se trouve entre *Scylla et Carybde !* et encore conduisez-vous sa barque, en aveugle...! On disoit autrefois : si tu ne crains pas Dieu, crains la vérole ! On doit dire, avec plus de fondement, si tu ne crains pas la vérole, crains le remède.

D'après une conviction acquise par le temps, par l'usage, garantie par la probité la plus exacte, j'ai attaqué, j'ai combattu, l'erreur et l'aveuglement où l'on est; j'ai indisposé contre moi les gens de l'art, pour m'être élevé au-dessus de leurs connoissances; je m'en suis fait autant d'adversaires, dont l'injustice et l'animosité n'ont pas d'exemple; sur-tout de la part de ceux qui occupent les premières places, et qu'un sot orgueil, un vil intérêt, un faux savoir, un absurde préjugé, engagent à soutenir l'opinion vulgaire.

Jusqu'ici aucun Médecin, aucun Chirurgien n'a fait comme moi de recherches plus utiles, un travail plus profond, plus lumineux sur le mercure, sur sa manière d'agir, sur ses inconvéniens, sur les avantages des végétaux, dans le traitement de la maladie vénérienne? Que mes adversaires, qui se croient si supérieurs à moi, se montrent tels, en réfutant ce travail! Je ne me suis jamais flatté, j'ai encore moins prétendu qu'on me crût sur parole. Je me suis attendu à voir mes adversaires me critiquer, publier leurs doutes, faire des objections, les motiver, afin de me mettre à même de leur répondre, de développer ma doctrine, de m'étendre sur mes moyens et de ne laisser rien à désirer, sur un objet, aussi intéressant pour l'art et pour l'humanité.

Au lieu d'une critique éclairée, d'une discussion honnête, on m'injurie sans raison, on m'inculpe sans preuve; comme si des personnalités, qui déshonorent ceux qui se les permettent, étoient des argumens à opposer à une découverte fondée sur les meilleurs principes de la Médecine; tandis que je donne des raisons, que je fournis des preuves et que j'offre de faire tout ce qu'on désirera, soit par des écrits, soit par des traitemens publics, *ce que j'ai déjà fait*, ce que je propose de répéter et de continuer, tant qu'on voudra, pour constater les vérités que j'ai découvertes.

S'il est une autre manière de se montrer mieux, qu'on me la prescrive ?

Dévoiler l'ignorance, relever des fautes, détruire des préjugés dangereux, établir des vérités contraires aux idées reçues, vouloir changer l'opinion générale, avoir fait des découvertes utiles, par leurs moyens, procurer un des plus grands biens à l'état, un des plus grands soulagemens à l'humanité, sont des torts, des crimes que la morgue et la rivalité des hommes de la même profession ne pardonnent jamais. Voilà les motifs de leur acharnement, contre moi. Dans l'impuissance de réfuter mes objections, ils n'ont d'autres armes, que l'injure et la calomnie, pour attaquer ma découverte, qui fait leur honte et leur désespoir.

Je ne sais, par quelle raison de convenance ou d'intérêt, ou par quelle inconséquence, les Chirurgiens, en général, dans les villes, les campagnes, à l'armée, aux régimens et principalement dans les hôpitaux, traitent la maladie vénérienne ?

Cette maladie est, sans contredit, une maladie médicale; par sa nature, par ses symptômes, par ses variétés, par ses complications, elle doit, nécessairement, par la connoissance des différens remèdes qu'exigent sa guérison, être traitée par des Médecins, pour l'être, méthodiquement; et les Médecins, les plus éclairés, y sont le plus propres. Ce ne sont pas les remèdes qui manquent à l'art, c'est l'art qui manque d'une bonne méthode et d'hommes instruits pour les employer.

On a chargé les Chirurgiens, ou ils se sont

chargés, eux-mêmes, du traitement de cette maladie, sans moyens de le bien faire! Voilà, donc, un million de malades, à-peu-près, tous les ans, livrés à un traitement, que le savoir, la raison et l'expérience n'ont jamais éclairé !.... Quelle conséquence tirer de ce fait !

Les Chirurgiens ont aveuglément adopté l'erreur, le remède et la routine qu'ils ont trouvés établis ; l'usage leur en a montré les dangers et l'insuffisance ; mais aucun n'a été en état d'en connoître la cause et d'y remédier.

C'est pourquoi ce traitement a toujours été aveugle, borné, infidèle, insuffisant, dangereux, inconséquent, empyrique, meurtrier et dans son enfance. Les Chirurgiens, qui ont écrit, sur cette maladie ou qui l'ont traitée, l'ont fait et le font, aujourd'hui, JE N'EN EXCEPTE AUCUN, sans connoître l'indication que la maladie présente, d'où cette indication se tire, les principes et l'action des remèdes indiqués, la manière dont le virus agit dans l'économie animale, la marche et le travail de la nature dans la maladie vénérienne.

Dans les milliers de volumes faits sur la maladie vénérienne, on n'en trouve pas un, où il soit question de ces objets, si essentiels ; cependant ces connoissances sont aussi nécessaires pour guérir, que la boussole, le gouvernail, les voiles et la manœuvre le sont pour naviguer.

Qu'on n'imagine point que la rivalité, la vengeance, ou une vaine déclamation donnent lieu aux reproches que je fais à toutes les personnes de l'art, particulièrement aux Chirurgiens. L'amour seul du bien, de la vérité et de l'humanité me guide.

Pour détruire des erreurs, il ne suffit pas de les combattre victorieusement, il faut encore attaquer les hommes qui les accréditent, si l'on veut arrêter, dans sa source, le mal que font les uns et les autres.

D'après le vice de l'administration des hôpitaux et la fausse prévention en faveur des Chirurgiens, quels secours les malades peuvent-ils attendre? quel tort, quelle dépense l'Etat ne doit-il pas souffrir du traitement des vénériens, fait par des hommes qui, en général, manquent de connoissances, en médecine, en chimie, en botanique, en matière médicale!

Si les citoyens attaqués de cette maladie doivent inspirer de la compassion, en les voyant livrés à des mains ineptes; quelle attention le gouvernement ne doit pas donner aux militaires? Par leur traitement, ils languissent ou périssent, dans les hôpitaux, causent une dépense immense à l'État et le privent d'une partie de ses défenseurs; tandis qu'en employant ma méthode, ils serviroient la République, comme leurs autres frères d'armes.

Peuple Souverain, c'est votre cause que je défends; je mets de côté ce qui m'est personnel; votre salut, votre intérêt exigent qu'elle soit discutée publiquement, que des traitemens comparatifs démontrent, de la manière la plus évidente, la plus authentique, les avantages de ma doctrine et les inconvéniens des méthodes usitées.

Sans votre volonté, sans votre appui, mes efforts seront inutiles; le fruit de cinquante ans de travaux, la découverte la plus savante en Médecine, la plus nécessaire à votre conservation et la plus utile au genre humain, seront perdus. Que puis-je, seul, contre des milliers de détracteurs, intéressés à empêcher le bien que je puis faire? Ma voix est étouffée, mes écrits ne se répandent point, les faits sont dénaturés et je suis calomnié par la multitude.

Quels que soient mon courage et mes moyens, puis-je, seul, détruire un abus, un usage, un préjugé consacrés par trois siècles ? Puis-je, seul, détruire l'erreur, l'ignorance, que l'orgueil et l'intérêt s'obstinent à entretenir ? Puis-je me défendre contre des ennemis qui se cachent ? Que le Pouvoir exécutif les oblige de se montrer, d'entrer en lice avec moi ? On verra la vérité triompher et la vie des citoyens ne sera plus à la merci de l'ignorance, du charlatanisme et des passions de quelques particuliers.

Peuple, législateurs, ministres, généraux, mettez-moi à même de faire, sous vos auspices, le bien que je propose ; le succès surpassera votre attente.

Quel objet plus digne d'attention que la conservation de l'espèce humaine ! Cependant personne ne m'a écouté depuis quarante ans. Quel homme plus digne d'être accueilli, que celui qui a le pouvoir d'arracher, à la douleur ou à la mort, un million de malades, chaque année et d'économiser aux citoyens et à la République des sommes immenses ? Cependant on rebute, on calomnie cet homme, depuis quarante ans ! Et celui qui a fait le plus de bien à l'humanité, est traité comme son plus cruel ennemi !

Dans le cas où, comme homme, je m'abuserois ; ou, comme imposteur, je tromperois ; la vérité et l'humanité devant en souffrir, pourquoi, parmi les gens de l'art, tant de bouches m'ont calomnié ? la vérité et l'humanité n'ont-elles pas trouvé une seule plume pour les défendre et manifester mes erreurs ou mon imposture ? Aucun, depuis quarante ans, n'a attaqué mes écrits, ni réfuté mes objections.

Si

Si ma découverte, fruit de cinquante ans de travaux, me donne des droits au titre de bienfaiteur du genre humain, en qualité de *conservateur de l'espèce humaine*, ce que j'ai souffert, pour lui être utile, m'en donne à sa reconnoissance.

En cherchant à acquérir des lumières, j'ai suivi mon goût, j'ai rempli les devoirs de ma profession; mais j'ose le dire, ce qui est au-dessus du courage de tout homme, j'ai eu la constance, *pour éclairer et servir l'humanité*, d'essuyer, pendant quarante ans, des déboires, des menaces, des persécutions, de la part du gouvernement. J'ai souffert dans mon repos, dans ma réputation, dans mon bien-être, tout le tort que mes ennemis, principalement les hommes de ma profession ont pu me faire; j'ai été joué, volé, calomnié, dans les bureaux des hôpitaux de la guerre, de la marine, de mendicité. J'ai éprouvé toutes les atrocités que les agens de ces départemens se permettoient sous l'ancien régime?... Sous celui-ci, je n'ai pas été plus accueilli, ni mieux traité? Je n'ai pas à me louer de la Convention ni de ses différens comités, et j'ai beaucoup à me plaindre des administrations, particulièrement du conseil de santé? Je serois peu sensible à la conduite que l'on a tenue avec moi, si le peuple n'en souffroit pas; l'insouciance des uns, la mauvaie-foi des autres, et l'inhumanité de tous, privent le citoyen d'un secours et la République d'un bien que l'un et l'autre ne peuvent recevoir que de moi?

Libre, sans ambition, n'occupant aucune place, n'en voulant point, n'ayant rien reçu du gouvernement pour mes peines, mes avances, mes sacrifices, il ne tenoit qu'à moi de jouir, en paix, et à mon gré, du fruit de ma découverte; j'ai préféré le salut du peuple à mon repos, à ma fortune;

j'ai supporté constamment les infamies qu'on m'a faites. Soutenu par mon zèle, mon talent et ma probité, j'ai présenté à mes ennemis un front serein, une fermeté inébranlable, tandis que, par leur ignorance, par leurs intrigues, ils se sont couverts de honte et de mépris : je les ai attaqués publiquement, aucun n'a osé ni pu me répondre. Cette lutte qui dure, depuis trente ans, entre le savoir et l'ignorance, entre le bien général et l'intérêt particulier, a toujours été au détriment de l'état et de l'humanité, par le despotisme et l'indifférence des administrations et par la morgue, le préjugé et la mauvaise-foi de la plupart des Médecins et des Chirurgiens.

Aigri par l'injustice, abreuvé de fiel par la calomnie, je ne me suis point rebuté ; la vue et l'accroissement des maux du peuple ont augmenté mon zèle et je n'ai jamais désespéré d'en venir à mon but.

Quelle perspective plus agréable, quelle satisfaction plus douce, quelle récompense plus flatteuse, pour moi, en voyant un million de citoyens, chaque année et deux cent mille défenseurs de la patrie, soldats et matelots, livrés à la douleur, exposés à la mort, de pouvoir dire, j'adoucirai, je guérirai leurs maux, si l'on m'écoute, si on me laisse faire ! Quels obstacles, peuvent détourner un cœur compatissant d'un projet si humain ? Quel est l'ignorant, le monstre, l'ennemi du peuple et de la République, qui ose s'opposer à l'exécution d'un pareil projet ?

J'ai toujours espéré qu'il viendroit un temps où la vérité et ma patience triompheroient, où mes veilles et mes travaux seroient aussi fructueux, que je le désire, à ma patrie et au genre humain. Il ne pouvoit arriver rien de plus favorable à mes vues, que l'heureuse révolution que la France vient d'éprouver ? Cependant, six années se sont passées en démarches inutiles, auprès des représentans du peuple ? Malgré cela, je me flatte toujours qu'une nouvelle tentative sera plus heureuse, que les précédentes et que nos législateurs, le pouvoir exécutif et les ministres, frappés du tableau que je mets sous leurs yeux, s'occuperont, enfin, de la santé du peuple, de la conservation de ses défenseurs et des intérêts de la République ?

Comment ! . . . . et par quelle étrange fatalité, les maux d'un si grand nombre de citoyens, la plaie la plus cruelle, faite à la République et les moyens que j'ai offerts d'y remédier, n'ont-ils point fixé l'attention du gouvernement, et de nos législateurs, dont le premier devoir est de s'occuper autant de la conservation du peuple que de sa liberté ?

Peuple Souverain, pour n'être plus victime, comme vous l'êtes, depuis trois siècles, de l'ignorance, du préjugé, de l'intérêt, de la jalousie, du faux savoir, de l'amour-propre, de la mauvaise-foi de quelques individus et du brigandage de la charlatanérie, chargez vos mandataires, le pouvoir exécutif, les ministres de la guerre, de la marine, de l'intérieur, d'exiger des officiers de santé, que la nation salarie, tels que le conseil de santé, les médecins et chirurgiens en chef, des armées, les chirurgiens-majors des hôpitaux civils et militaires, où l'on traite les vénériens, de répondre, dans le plus court délai, par écrit et cathégoriquement, aux objections suivantes . . . . Jamais urgence n'a été plus grande !

Je remettrai un nombre suffisant d'exemplaires du présent ouvrage, pour l'envoyer aux officiers de santé que je désigne. Leurs réponses et leur empressement à les faire, prouveront si leur zèle et leur savoir les rendent dignes des places qu'ils ocoupent.

Ces réponses me seront communiquées, elles seront imprimées, avec mes répliques, l'homme instruit et impartial jugera. Dans une affaire si intéressante pour le peuple et pour la République, cette manière de procéder est nécessaire et la plus sûre, pour connoître la vérité, arrêter le mal et faire le bien.

OBJECTIONS (*)

Contre l'usage du Mercure en friction.

Je n'affecte point de décrier les méthodes reçues, comme les ignorans me le reprochent : j'en fais sentir les inconvéniens, parce que je les connois ; aucune considération ne m'empêchera de les publier. J'insisterai d'autant plus sur les défauts de ces méthodes, qu'elles sont toutes mauvaises et plus ou moins meurtrières.

Peu de gens de l'art ont employé autant de mercure, en friction, que moi. Comme je l'ai fait d'une manière plus réfléchie et plus éclairée que

---

(*) Publiées en 1780. Mes adversaires m'ont injurié; mais aucun n'a réfuté une seule de ces objections.

les autres Praticiens, j'en ai vu les effets différemment; j'en ai connu la cause. L'expérience et les lumières que j'ai acquises, par un long usage, m'ont forcé de revenir du préjugé que l'on a et que j'avois en faveur du mercure.

Que doit-on espérer, ou plutôt que ne doit-on pas craindre d'un traitement, où il n'y a qu'erreur, ignorance, fausseté, incertitude, hasard, obscurité, infidélité, inconvénient, insuffisance, inconséquence, absurdité, contradiction, danger, inutilité et accidens funestes? ce que je démontre par les faits suivans.

(*Empyrisme aveugle*). Traite-t-on la maladie vénérienne, selon les règles de l'art, comme elles s'observent à l'égard des autres maladies? c'est-à-dire, suivant les règles de LA THÉRAPEUTIQUE, d'après la connoissance de l'indication, de l'indiquant et de l'indiqué? . . . . Non.

(*Ignorance.*) Le mercure et ses effets étoient-ils connus, quand on l'a mis en usage pour le traitement de la maladie vénérienne? . . . . Non.

(*Ignorance.*) La connoissance de la maladie vénérienne a-t-elle éclairé son traitement, par l'usage du mercure? . . . . Non.

(*Erreur.*) La maladie vénérienne, par sa nature, par ses symptômes, exige-t-elle, pour sa guérison, l'usage du mercure, de préférence à celui des autres substances, végétales ou minérales? . . . . Non.

(*Fausseté.*) Le mercure est-il un remède innocent? . . . . Non.

(*Erreur.*) Le mercure est-il, pour la guérison de la maladie vénérienne, le seul ou le meilleur remède et le plus convenable, dans notre climat et à notre constitution? . . . . Non.

(*Ignorance.*) Est-il un seul de tous ceux qui font frictionner, qui connoisse la pommade mercurielle ? . . . . Non.

(*Ignorance.*) Est-ce d'après des principes connus et l'aitiologie de ce qui se passe, dans la préparation de la pommade mercurielle, que l'on fait cette préparation, qu'on l'administre et qu'on sait les avantages ou les inconvéniens qui résulteront de sa bonne ou mauvaise qualité ? ... Non.

(*Incertitude.*) Est-on d'accord sur la manière de frotter ? . . . . Non.

(*Hasard.*) Le malade que l'on frotte reçoit-il toujours du mercure ? . . . . Non.

(*Obscurité.*) Est-il un moyen connu ou sûr d'estimer, je ne dis pas au juste, cela est physiquement impossible, mais seulement à-peu-près, la quantité de mercure, qui a passé dans le corps du malade frictionné ? . . . . Non.

(*Ignorance.*) Connoît-on la manière d'agir du mercure ? . . . . Non.

(*Ignorance.*) Sait-on comment le mercure guérit ? . . . . Non.

(*Erreur.*) Sa manière d'agir et de guérir est-elle la même ? . . . . Non.

(*Erreur.*) Quand le mercure guérit, est-ce par une propriété qui lui soit particulière, comme spécifique ? . . . . Non.

(*Erreur.*) Le mercure agit-il et guérit-il directement, sous la forme globuleuse métallique, par sa pésanteur, sa divisibilité, son mouvement ? Non.

(*Ignorance.*) Sait-on si le mercure subit une modification particulière, dans l'économie animale ? . . . . Non.

(*Ignorance.*) Si le mercure subit une combinaison, sait-on de quelle nature elle est, combien de tems, après les frictions données, elle arrive, en quelle quantité elle se fait, si elle est proportionnée au mercure reçu? . . . . Non.

(*Ignorance.*) Cette modification ayant lieu, connoît-on ses résultats directs ou indirects et les effets, bons ou mauvais, qu'elle doit produire ? Non.

(*Infidélité.*) Le bien et le mal que le mercure fait, sont-ils inséparables l'un de l'autre? Non.

(*Inconvén.*) Le bien et le mal, qui résultent de l'usage du mercure, dépendent-ils de la même cause? . . . . Non.

(*Ignorance.*) Connoît-on la cause des accidens que le mercure occasionne? Sait-on si cette cause est simple, composée, compliquée? . . . Non.

(*Ignorance.*) A-t-on jamais distingué les accidens que le mercure, donné en friction, occasionne comme substance minérale, d'avec ceux qu'il occasionne comme substance combinée? . . . Non.

(*Ignorance.*) Sait-on pourquoi tous les sujets ne sont pas également susceptibles des bons et des mauvais effets du mercure? . . . . Non.

(*Ignorance.*) Faut-il une quantité déterminée de mercure, soit pour guérir, soit pour occasionner les accidens qui lui sont particuliers? . Non.

(*Insuffis.*) Les signes ordinaires sont-ils suffisans pour prévoir les accidens que l'usage du mercure occasionne? . . . . Non.

(*Insuffisance.*) Est-il un moyen sûr de les prévenir? . . . . Non.

(*Erreur.*) Sait-on comment le mercure fait saliver? . . . . Non.

(*Insuffis.*) A-t-on des moyens prompts, efficaces pour remédier aux accidens graves de la salivation? . . . . Non.

(*Inconséq.*) Les moyens que l'on emploie communément pour remédier aux accidens de la salivation, vont-ils à la cause de ces accidens? Non.

(*Erreur.*) La salivation légère ou considérable, est-elle nécessaire à la guérison, comme c'est l'opinion commune? . . . . Non.

(*Ignorance.*) La salivation est-elle un effet naturel du mercure, comme substance minérale? . . . . Non.

(*Absurdité.*) La salivation est-elle une crise de la maladie vénérienne et une crise nécessaire à la guérison? . . . . Non.

(*Insuffis.*) Le mercure, comme spécifique de la maladie vénérienne, convient-il à tous les sujets? . . . . Non.

(*Insuffis.*) Le mercure, comme spécifique, guérit-il tous les symptômes de la maladie vénérienne? . . . . Non.

(*Contradic.*) Puisqu'on regarde le mercure comme spécifique de la maladie vénérienne, explique-t-on pourquoi il se rencontre des symptômes graves, dont il n'arrête pas les progrès, d'autres dont il augmente la violence et quelques-uns qu'il rend incurables? Sont-ce là les effets et le caractère d'un vrai spécifique, que l'on dit infaillible? . . . . Non.

(*Danger.*) Le mercure peut-il se donner sans inconvénient, dans une complication de la maladie vénérienne avec une autre maladie? . . Non.

(*Inconvén.*) Le mercure peut-il également s'administrer dans toutes les saisons, sans exposer à plus d'accidens, dans l'une que dans l'autre? Non.

(*Erreur.*) Les préparations qui précèdent les frictions, ont-elles un objet déterminé? . . . Non.

(*Inconséq.*) Les préparations que subissent les malades, attaquent-elles la cause du mal vénérien? . . . . Non.

(*Inutilité.*) Ces préparations servent-elles à accélérer la guérison? . . . . Non.

(*Ignorance.*) Le régime que l'on fait observer aux malades, pendant le traitement, a-t-il quelque rapport avec la cause de la maladie, avec la nature du remède, ou avec ses effets? Est-il propre à concourir, avec le mercure, à la guérison? . . . . Non.

(*Erreur.*) Le mercure agit-il directement, sur le virus vénérien? A-t-il quelque affinité avec lui, comme on le croit? . . . . Non.

(*Infidélité.*) Quoiqu'on guérisse de la maladie vénérienne, est-on toujours exempt des suites fâcheuses de l'usage du mercure? . . . . . . Non.

(*Ignorance.*) Sait-on pourquoi les malades frictionnés noircissent les métaux et blanchissent l'or et le cuivre? quelle est la cause de ces deux phénomènes, et à quelle époque du traitement ils arrivent? . . . . Non.

(*Ignorance.*) Sait-on pourquoi les malades frictionnés puent de la bouche, et exhalent de l'habitude de leur corps une fœtidité particulière? . . . . Non.

(*Incertitude.*) Quelles que soient la docilité, l'exactitude du malade à faire ce qui lui est ordonné, quels que soient le savoir, la prudence de celui qui administre le mercure, le malade est-il toujours à l'abri de ses inconvéniens, toujours assuré de sa guérison, même dans les cas les plus simples et avec la meilleure constitution? . . . . Non.

(*Ignorance.*) Quand le mercure, introduit dans le corps par les frictions, mêlé aux liquides, en suivant le cours de la circulation, est versé dans une des cavités qu'ils abreuvent, où se réunissant en globule, il ne peut plus être résorbé, comme les fluides et qu'alors, selon la partie où il est arrêté, il occasionne des accidens, dont on se ressent toute la vie, tels que des douleurs, des mouvemens convulsifs, l'asthme, la cécité, la paralysie, ou une mort subite; est-il des moyen sûrs d'en connoître le siége, d'en prévenir les effets, ou d'y remédier? . . . . Non.

[*Accidens particuliers au mercure.*] Enfin, peut-on se dissimuler ou nier, après les exemples malheureux que l'on voit fréquemment arriver, entre les mains des gens de l'Art les plus habiles, que le mercure ébranle et fait tomber les dents, qu'il occasionne la puanteur de l'haleine, une salivation plus ou moins abondante, des fièvres, des hémorrhagies, des crachemens de sang, des pertes, des dyssenteries, des ulcères internes, la lientrie, l'avortement, le tremblement, des convulsions, la dissolution des humeurs, la paralysie, l'asthme, la phthisie, la consomption, la folie, l'apoplexie, la mort subite?

D'après cela, comment le mercure, dangereux par lui-même, dont on ne connoît ni la nature, ni la manière d'agir, qui ne guérit pas toujours, qui produit des accidens fâcheux, à la plupart desquels on ne peut remédier, peut-il mériter le titre de remède doux, universel, spécifique et même infaillible? La routine aveugle de le donner, peut-elle passer pour une méthode éclairée et pour la meilleure des méthodes? . . . Non.

Enfin, cette méthode universelle, si vantée, a-t-elle d'autres règles que celles dictées par la crainte, par la prudence qu'inspire l'usage d'un remède nuisible, infidèle, dont l'expérience a appris à se méfier? . . . Non.

Les gens de l'art les plus célèbres, après la saignée, la purgation, les bains, préparations plus d'usage, que de nécessité, suivent-ils d'autres règles que celles d'éloigner, de rapprocher ou de suspendre les frictions, selon leurs bons et mauvais effets ; d'augmenter ou diminuer la quantité de pommade qu'on y emploie et de faire durer, plus ou moins, le traitement? . . . Non.

Quels que soient les symptômes, l'âge, le sexe, la constitution, le tempérament, les complications, cette pratique est-elle susceptible d'autres modifications? . . . Non.

Quand ce traitement ne réussit pas, que fait-on? On en recommence un second : s'il est aussi infructueux que le premier, l'on passe à un troisième, à un quatrième ; chacun propose et préfère sa manière de faire, qui ne consiste jamais qu'à répéter ce que les autres ont fait, sans qu'aucun puisse rendre raison de ce qu'il fait, soit sûr de ce qu'il en résultera, ni sache comment et pourquoi cela arrivera. Enfin, le malade meurt des effets du mercure, on le dit mort de la vérole. A cette manière de faire la médecine, connoît-on les vues et les principes d'une méthode éclairée et conséquente? . . . Non.

D'après l'obscurité, les dangers et l'incertitude qui accompagnent l'usage du mercure, que l'on n'emploie jamais qu'en tâtonnant, comment persuader, à ceux qui observent et qui réfléchissent, qu'une méthode, dont la théorie et la pratique n'ont pas une seule donnée vraie, soit une méthode sûre, éclairée et la meilleure des méthodes? . . . . . Non.

Ne pas connoître l'instrument dont on se sert; n'avoir aucune règle pour manier cet instrument dangereux; faire avec lui le bien et le mal indistinctement; ignorer ce qui les occasionne, par conséquent, n'être jamais sûr de faire l'un et d'éviter l'autre; comment ne pas se plaindre d'un tel moyen, de la méthode et de ceux qui l'emploient ? Comment ne pas demander à quel titre l'on veut que ce remède soit regardé et préféré comme le meilleur ; et ceux qui enseignent la manière de s'en servir, comme les maîtres dans cette partie de l'art de guérir ? . . . Non.

En cherchant à désabuser les autres, je cherche à m'instruire ; si de fausses connoissances égarent mon zèle, qu'on me détrompe, qu'on réponde à mes objections ; qu'on justifie la méthode des frictions, des défauts que je lui trouve ; qu'on prouve que le mercure est sans inconvéniens et l'unique remède de la maladie vénérienne ; je reconnoîtrai mes torts, et ma réparation est toute prête par l'aveu public de mon erreur.

D'après les informations faites, dans les hôpitaux militaires, sur les vénériens, pour savoir si leur traitement s'améliore, d'après les lumières que j'ai répandues sur cet objet, voici ce que l'on me marque, sur la manière de les traiter en général.

« On les saigne deux fois, on les purge deux » fois, on les émétise une fois, on les baigne » neuf fois, on les frictionne douze fois ; avec » cela, quels que soient l'âge, le tempérament » et la constitution du malade, la nature et l'in- » tensité des symptômes ; guéris si tu peux? »

Grand Dieu ! peut-on faire un traitement plus aveugle, plus absurde, plus inconséquent ? D'après quelle indication et quelle expérience procède-t-on ainsi ? Quant au mercure, c'est le plus mauvais remède qu'on puisse employer, le moins propre à la guérison de la maladie vénérienne et le seul qui soit aussi dangereux et susceptible d'autant d'inconvéniens.

Ce traitement, malgré son insuffisance et ses désagrémens, demande au moins deux mois, et après le traitement, le malade a besoin d'un mois ou deux de convalescence, particulièrement le militaire avant d'être en état de camper et de bivouaquer, sans courir les risques, en s'exposant aux injures de l'air, d'avoir des fluxions, des douleurs et des rhumatismes, dont il se ressent, quelquefois, toute la vie.

Deux cent mille soldats, attaqués de cette maladie, dans le courant de l'année, sont ainsi traités, avec cette seule différence, du plus ou moins mal!

Quel vide dans les armées! quelle dépense pour l'état! quelle cruauté pour les malades! quelle honte ou quels reproches pour les gens de l'art!

O mes chers concitoyens! ô généreux défenseurs de la patrie, à quelles mains livre-t-on votre santé, votre vie, en vous faisant subir un traitement, plus cruel et pire que la maladie!

J'ai dit avec fondement et je ne cesserai de le dire, vous êtes entre les mains d'ignorans, de barbares et d'homicides?

Peuple souverain, recommandez ou ordonnez à vos législateurs, à vos mandataires, à vos ministres, de vous garantir du mal que l'on vous fait et de s'occuper du bien que je puis vous faire. La santé, la vie de plus d'un million de citoyens, attaqués de ce fléau, tous les ans, doivent fixer l'attention d'un gouvernement paternel.

Ce que j'ai dit de la manière de traiter le militaire, doit également s'étendre au traitement des marins.

Le nombre des matelots et des gens de mer n'étant pas suffisant au besoin de la République, dans les circonstances présentes, il est de la dernière importance de s'occuper de la santé et de la conservation d'une classe d'hommes, si précieux et si nécessaires, et de mettre, en état de servir, ceux que la maladie et le traitement retiennent dans les hôpitaux.

Je me contenterai de rapporter, à ce sujet, le précis des différens mémoires que j'ai remis, depuis plusieurs années, aux ministres de la marine, au comité de marine de l'assemblée nationale.

La maladie vénérienne est plus difficile à guérir en mer et dans les ports; elle est plus grave et plus rebelle chez les marins.

En général, l'usage du mercure, en friction, et des préparations mercurielles salines est plein d'inconvéniens et insuffisant pour guérir tous les individus atteints de la maladie vénérienne. Ces remèdes ont encore plus d'inconvéniens, chez les marins, et leur sont plus funestes qu'à tout autre homme, à cause du scorbut, dont la plupart sont affectés.

Dans les hôpitaux de la marine, on emploie des gâteaux; ces gâteaux tiennent leur propriété médicamenteuse du sublimé-corrosif, le plus terrible des poisons. Le déguisement, sous lequel on donne ce remède (la composition du gâteau), rend la dose du remède inégale; son administration infidelle est encore plus dangereuse, par la forme sèche, sous laquelle le malade prend le sublimé corrosif.

On se sert aussi du rob anti-syphillitique; il faut, pour un traitement, cinq, six, huit, dix bouteilles, quelquefois plus, ce qui, avec les accessoires de ce traitement, le rend très-dispendieux.

D'ailleurs, ce remède est absolument empyrique et plein d'inconvéniens; il ne guérit pas toujours, ne convient pas dans tous les cas, ni à tous les malades; et le régime rigoureux qu'on observe pendant son usage, est absurde, gênant et impraticable sur mer.

En cas de guérison, sur terre ou en mer, le malade a besoin d'une longue convalescence. Un malade qui a été, pendant quarante jours, à une diète sévère, et à l'usage d'une boisson sudorifique, ne peut, sans courir les risques d'accidens graves, s'exposer au froid et à l'humidité.

Les moyens de traiter les marins, attaqués de la maladie vénérienne, se réduisent donc à des remèdes infidèles, insuffisans, meurtriers, assujettissans et coûteux? remèdes spécialement funestes aux marins.

Les remèdes que je propose, dont l'efficacité est confirmée par quarante ans et plus, de pratique et de succès, sont tirés du règne végétal, ils guérissent, en même-temps, le scorbut et la vérole, sans retenir le malade à l'hôpital et ils réunissent toutes les qualités de remèdes doux, simples, efficaces, d'un usage facile, commode et sans inconvénient. Ce traitement est méthodique, fondé sur les meilleurs principes de la médecine; il est peu coûteux, plus court que par tout autre moyen, praticable sur mer, sur terre, en été, en hyver, et sans entraîner dans aucune dépense accessoire.

D'après ma doctrine, un médecin instruit peut traiter, à-la-fois, toute maladie compliquée avec la vénérienne. Ce genre de traitement, par le grand nombre de plantes qui y sont propres, peut être simplifié, varié, modifié, rendu agréable, selon le goût, l'âge, le sexe, l'état des malades, et la saison ; et toujours également spécifique, car il n'est pas possible, à moins que ce soit par la faute du malade, qu'un seul soit manqué.

Le vulgaire qui pense qu'on ne guérit pas sans mercure, le croit d'après un faux préjugé. L'officier de santé qui soutient que le mercure est le seul et le vrai spécifique de la maladie vénérienne, est sans savoir et sans expérience ; et celui qui dit que le mercure entre dans la composition de mes remèdes est un calomniateur ; la preuve est si facile à se procurer, que celui qui avance une pareille fausseté, le fait par mauvaise foi, dans de mauvaises intentions, et doit être regardé comme un mal-honnête homme et l'ennemi du genre humain.

C'est donc à une administration guidée par des sentimens d'humanité, des vues politiques, des principes d'économie, de prendre en considération et sous sa protection, une découverte, fruit du savoir et de l'expérience, et d'une si grande importance pour la conservation du peuple et pour les intérêts de la République.

MITTIÉ, *Médecin de Paris.*

Ce premier Floréal, an IV de la République Française, une et indivisible.

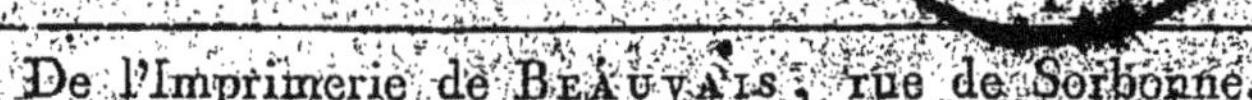

De l'Imprimerie de BEAUVAIS, rue de Sorbonne.

www.ingramcontent.com/pod-product-compliance
Ingram Content Group UK Ltd.
Pitfield, Milton Keynes, MK11 3LW, UK
UKHW020439220726
13923UKWH00005B/2217

9 782019 963101